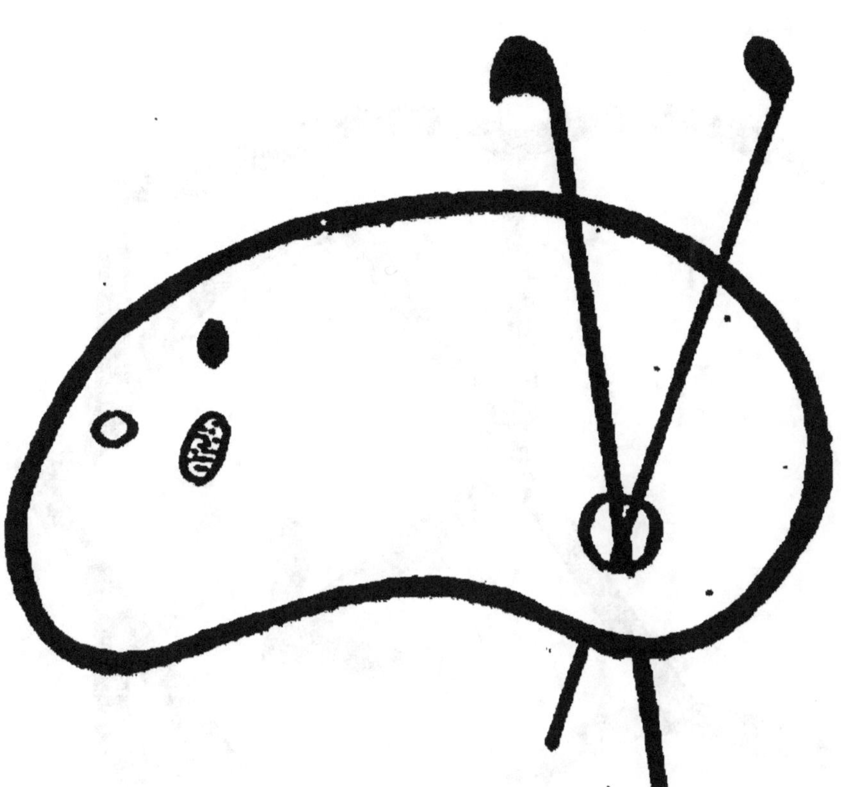

DEBUT D'UNE SERIE DE DOCUMENTS
EN COULEUR

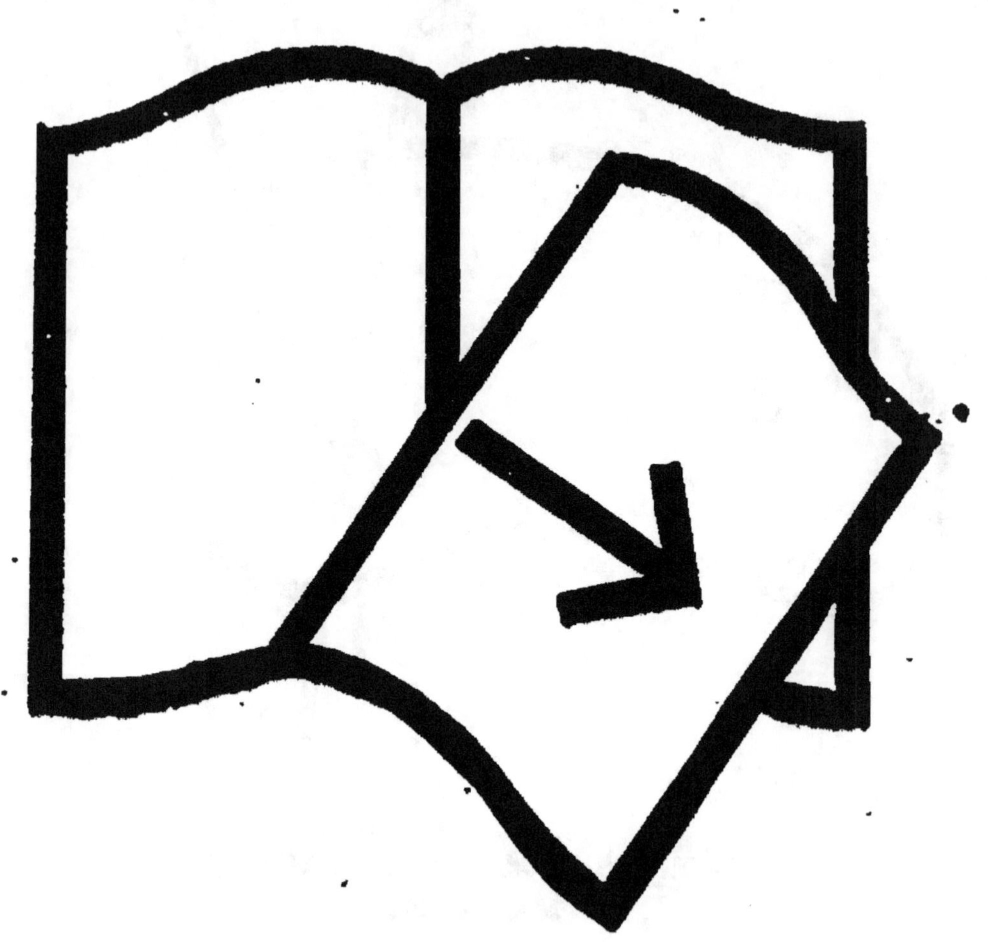

Couverture inférieure manquante

ÉGYPTE ET TURQUIE

PAR

FERDINAND DE LESSEPS.

PARIS

HENRI PLON, IMPRIMEUR-ÉDITEUR

RUE GARANCIÈRE, 10.

1869

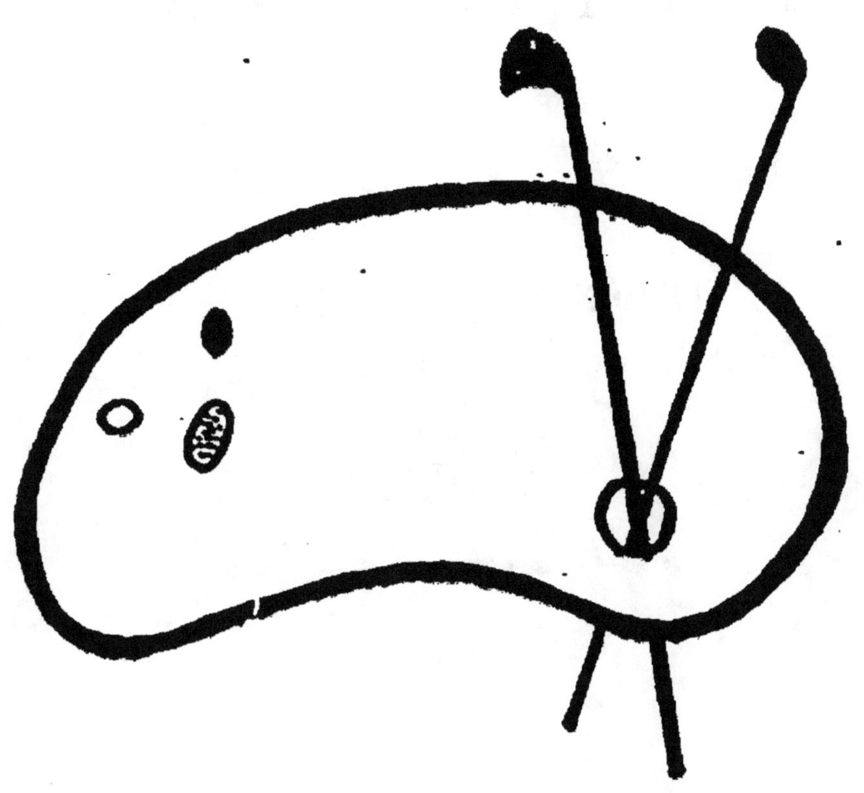

FIN D'UNE SERIE DE DOCUMENTS
EN COULEUR

ÉGYPTE ET TURQUIE

PAR

FERDINAND DE LESSEPS.

PARIS

HENRI PLON, IMPRIMEUR-ÉDITEUR

RUE GARANCIÈRE, 10

1869

Mon cher Plon,

Vous avez publié en 1860 une de mes brochures, intitulée : *Question du canal de Suez*, dans laquelle se trouvaient deux chapitres, l'un sur la condition physique et politique de l'Égypte, l'autre sur l'intérêt de la Turquie au percement de l'isthme de Suez.

Vous avez pensé avec raison que cette brochure étant épuisée et probablement oubliée, il y aurait intérêt aujourd'hui à éclairer l'opinion publique au sujet des rapports entre l'Égypte et la Turquie, en publiant de nouveau les deux chapitres contenant des considérations qui sont tout à fait de circonstance dans ce moment.

Je m'empresse de vous envoyer mon autorisation, et pour donner à votre publication encore plus d'actualité, je place à la fin du chapitre égyptien de courtes réflexions qui me sont inspirées par la récente polémique des journaux étrangers et français au sujet des rapports entre l'Égypte et la Turquie.

Je désire que vous ajoutiez à cette brochure une lettre que j'ai adressée de Constantinople le 28 février 1855 à lord Stratford de Redcliffe, ambassadeur d'Angleterre, et le dernier firman du Sultan envoyé au Vice-Roi d'Égypte le 27 juin 1867. Il est intéressant de placer sous les yeux du public ce document considérable, qui confirme, corrobore et étend les prérogatives accordées à l'administration autonome de l'Égypte par les firmans antérieurs.

Je vous renouvelle, mon cher Plon, l'expression de mes sentiments affectueux et dévoués.

Ferd. DE LESSEPS.

ÉGYPTE ET TURQUIE.

CONDITION PHYSIQUE ET POLITIQUE
DE L'ÉGYPTE.

Si l'on considère avec attention l'état particulier de chacun des pays qui composent la monarchie ottomane, il est impossible de ne pas être frappé des conditions exceptionnelles dans lesquelles se trouve l'Égypte.

La population de l'Égypte n'a point d'analogie avec celle du reste de l'Empire. Elle n'est ni turque, ni grecque, ni arabe. Les habitants de la vallée du Nil sont le même peuple que les Égyptiens des Pharaons. Pour peu qu'on ait vécu au milieu d'eux, on ne saurait conserver de doute à cet égard. Conformation corporelle, dispositions intellectuelles, mœurs, préjugés, ils ont à peu près tout gardé de l'ancienne race ; et les révolutions qui ont si souvent changé la face politique de l'Égypte n'ont pas sensiblement altéré le type primitif de la population indigène.

C'est dire assez que les Égyptiens de nos jours ont

hérité des qualités et des défauts des Égyptiens des temps antérieurs. Or, à remonter jusqu'aux saintes Écritures, tous les documents historiques s'accordent pour marquer d'un même trait les côtés saillants du caractère national. L'Égyptien a cela de commun avec les autres individus d'origine éthiopienne que, léger, nonchalant et doux à l'ordinaire, il se montre par moments opiniâtre, énergique et animé des plus violentes passions. Par un singulier contraste, il joint à beaucoup d'intelligence une imprévoyance et une incurie de ses propres intérêts qui souvent dépassent toutes les bornes; à une humeur facile et généralement sociable, une répugnance naturelle pour ce qui vient de l'étranger; à une soumission presque passive au pouvoir qui se fait directement sentir, une grande propension à méconnaître l'autorité dont l'action est éloignée.

L'histoire ancienne et moderne nous apprend que, par leur courage inné, leur aptitude aux travaux les plus divers et leur vigueur dans l'action, les Égyptiens sont capables de grandes choses. Mais c'est à la condition qu'ils soient soumis à un régime approprié à leur nature, et dirigés par une main habile et ferme. Abandonnés à eux-mêmes, livrés à leur arbitre. ils manquent d'initiative, de ressort, d'élan pour améliorer leur propre situation, et le sentiment du devoir ne supplée que bien rarement chez eux à l'absence de ces qualités.

A côté de la population indigène, et l'entourant de toutes parts, sont les Arabes du désert. Ce voisinage est souvent une cause de collisions sanglantes et de ruine pour les campagnes limitrophes, toutes les fois que l'autorité ne sait pas les protéger contre les déprédations des tribus nomades.

Ainsi une imprévoyance, une légèreté qui rendent toujours nécessaires le contrôle et la direction du pouvoir; une insoumission traditionnelle à l'autorité qui paraît dépourvue de force virtuelle et de moyens spontanés d'action; quelques mauvais penchants à refréner, voilà des données dont il faut tenir grand compte dans l'appréciation de l'état moral et social de la population égyptienne.

Les circonstances physiques sous l'influence desquelles l'Égypte est placée ne sont pas moins remarquables.

L'Égypte, on le sait, est une des plus fertiles contrées du globe. L'abondance et la variété de ses récoltes sont proverbiales; pendant une longue suite de siècles, son importance politique a tenu en grande partie à son importance comme pays de production. Toutefois, par opposition à ce qui se voit dans les autres contrées favorisées de la nature, la fécondité du sol repose en Égypte sur un fait unique, l'existence du Nil, dont les crues annuelles viennent rafraîchir et fertiliser la terre. Privée des inondations, l'Égypte ne serait qu'un désert; elle n'existe que grâce au Nil; elle ne vit qu'en vertu du phénomène des crues périodiques, dont le retour est heureusement aussi régulier que les révolutions des astres.

Mais le fleuve n'étend guère de lui-même ses bienfaits au delà de ses rives, et son flot ne baigne naturellement que des terrains resserrés dans d'étroites limites. De là la nécessité de recourir à des procédés artificiels pour ménager, diriger les eaux, de manière à les répandre sur les points les plus reculés du territoire; de là l'urgence d'un vaste système de canalisation, d'endiguement et de barrages, dont l'entretien ne peut être négligé un seul jour sans que la stérilité et la ruine d'une portion plus ou moins étendue de l'Égypte s'ensuivent. Or on doit tenir pour certain que ces travaux, exigeant une étude générale des besoins du pays, de grands moyens d'exécution et des avances considérables, ne seront jamais accomplis s'ils sont abandonnés à l'incurie des particuliers, dont les ressources en tout genre sont d'ailleurs trop bornées pour leur exécution. C'est donc à l'administration locale qu'il appartient d'y pourvoir, si elle possède, avec des ressources suffisantes, une initiative et une autorité incontestées.

Ainsi voilà un grand pays, une riche contrée dont non-seulement la prospérité, mais l'existence même, dépendent entièrement du bon ou du mauvais vouloir, de la force ou de la faiblesse du pouvoir qui préside à ses destinées. Il est aisé de déduire les conséquences d'une telle situation. Nous nous bornerons, pour le moment, à rappeler que sous le gouvernement des mameluks, dont Méhémet-Ali délivra le pays, les canaux de l'Égypte étaient comblés pour la plupart, les moyens d'irrigation presque tous détruits, la population en décroissance et les sources de la production à peu près taries.

Enfin la position géographique de l'Égypte lui donne aux yeux du monde une valeur que ne possède aucune autre fraction de l'Empire ottoman. Placée sur les confins de l'Afrique et de l'Asie, baignée d'un côté par la mer Rouge et de l'autre par la Méditerranée, l'Égypte est la route la plus courte, la plus directe entre l'Occident et l'extrême Orient, le point central des immenses relations qui lient aujourd'hui l'Europe, les Indes, la Chine et l'Océanie. Après que la découverte du passage du cap de Bonne-Espérance eut ouvert une voie de communication rivale, on a vu, durant une longue période, la route tracée par Vasco de Gama enlever à l'Égypte le transit du commerce de la Chine et des Indes. Mais alors la route du Cap n'a pas été préférée seulement parce qu'elle évitait les transbordements et parce qu'elle offrait à l'ancienne navigation une économie de temps et d'argent. Ce n'est point pour ces motifs seuls qu'elle a été choisie, tout-puissants qu'ils étaient; elle a été de plus une nécessité pour le commerce, par la raison toute simple que la route de l'Égypte avait cessé d'être praticable.

L'état d'anarchie qui, sauf de rares intervalles, n'avait cessé de désoler ce pays depuis le quinzième siècle, les troubles dont il avait été constamment le théâtre, le fanatisme et les habitudes inhospitalières de ceux qui le gouvernaient, avaient élevé une barrière que le commerce, effrayé du défaut de sécurité, n'essayait plus de franchir. L'Égypte, comme point géographique, offre naturellement aux communications de l'Occident avec l'Orient le trajet le plus avantageux, et ce privilége, elle ne peut le perdre qu'autant que sa situation intérieure détruit l'œuvre de la nature. La preuve en est que du moment où l'ordre a été rétabli dans ce pays, où les intérêts étrangers y sont devenus l'objet d'une protection intelligente et suivie, la route par l'Égypte s'est de nouveau ouverte au commerce du monde. Sous ce rapport, l'Égypte a recouvré déjà en partie l'importance dont elle était déchue ; et cette importance sera d'autant plus grande, les intérêts des nations commerçantes d'autant mieux garantis, qu'une administration éclairée et pourvue de ressources suffisantes aura su rendre le passage plus facile, plus complet et plus sûr.

De ce que l'Égypte se distingue par une population dont le caractère lui est particulier, par des conditions physiques d'existence qui n'appartiennent qu'à elle seule, et par une position géographique qui fait converger vers elle les plus grands intérêts, il est permis de conclure qu'elle a des éléments de force et tout ensemble des causes de dépérissement, des besoins, un mouvement social, une vie enfin qui lui sont propres. C'est ce qui explique pourquoi l'Égypte n'est jamais restée d'une manière permanente à l'état de simple province, quelle qu'ait été la puissance sous le sceptre de laquelle la conquête l'ait fait tomber.

Toutes les fois que l'Égypte a été réduite par accident à la condition de simple province, c'est-à-dire placée sous un régime commun à d'autres possessions, cette alternative s'est invariablement présentée : ou les principes de sa prospérité ont été étouffés par un système d'administration qui n'était pas approprié à ses besoins, ou bien elle a recouvré l'indépendance, soit à cause de la faiblesse et de l'impéritie de la métropole, soit par la défection de gouverneurs habiles à tirer parti des forces du pays au profit de leur propre grandeur.

Qu'a-t-on vu, par exemple, depuis la conquête de l'Égypte par le sultan Sélim en 1517? Son fils et successeur, Soliman le Législateur, était à coup sûr un prince d'une habileté et d'une expérience consommées. Il avait judicieusement reconnu que l'Égypte devait être gouvernée d'une manière particulière. Mais il s'était trompé sur un point. En po-

sánt des limites trop étroites à l'autorité des pachas
envoyés au Caire en qualité de gouverneurs, en ne
leur donnant qu'une position précaire, sans consis-
tance, il leur avait ôté l'influence et le crédit nécessaires pour résister aux intrigues, aux factions et à
l'esprit de rébellion, dont le germe est toujours
quelque part en Égypte. Les mameluks profitèrent
de cette circonstance pour s'emparer du pouvoir et
devenir en réalité les maîtres du pays. Les gouverneurs ottomans finirent bientôt par n'être plus que
leurs prisonniers; et la Porte, privée de toute intervention dans l'administration de l'Égypte, réduite à
la promesse d'un faible tribut qui, de fait, n'était
jamais acquitté, ne conserva pendant plus de deux
cents ans qu'une autorité purement nominale sur la
conquête de Sélim.

Le général Bonaparte avait commencé, au pied
des Pyramides, l'œuvre de la destruction du gouvernement des beys, le pire de tous ceux qui ont
pesé sur l'Égypte. Au départ de l'armée française,
les troupes ottomanes avaient installé des gouverneurs turcs dans les villes. Mais la Sublime Porte
n'avait point encore recouvré la possession effective
du pays. Le désordre y régnait à ce point que les
représentants du Souverain s'y voyaient frappés
d'impuissance. On peut dire que c'est Méhémet-Ali
qui a rendu l'Égypte au Sultan, et qui l'a rendue
dans la plénitude de ses ressources et dans toute sa

valeur sociale, de telle sorte qu'elle fût à même de prêter à la métropole un utile concours en soldats et en subsides.

Mais croit-on que Méhémet-Ali, malgré ses éminentes qualités, eût accompli son œuvre s'il n'avait été investi que d'une autorité temporaire et limitée? Simple gouverneur de province, Méhémet-Ali serait-il parvenu à anéantir les tronçons toujours vivaces des milices circassiennes; à comprimer les ferments d'anarchie qui se produisaient sous toutes les formes; à mettre fin aux déprédations d'un brigandage séculaire; à triompher de la formidable insurrection qui, en 1824, mit en feu la haute Égypte; à rendre les villes saintes à la vénération des musulmans; à restaurer l'ordre et le travail exilés depuis si longtemps; à réparer et à étendre, dans des proportions inconnues jusqu'à lui, la canalisation de la vallée du Nil; à donner à l'agriculture l'impulsion qui a décuplé la valeur du mouvement commercial de l'Égypte? Simple gouverneur de province, Méhémet-Ali aurait-il, en un mot, créé l'administration active et vigilante qui, en fondant sur des bases solides la paix intérieure et la sécurité publique, a rouvert l'Égypte aux explorations des voyageurs, aux études de la science, aux entreprises du commerce étranger et au transit important de l'Europe avec les Indes?

Pour obtenir ces merveilleux résultats, il a fallu

à Méhémet-Ali, outre son génie, un pouvoir permanent, incontesté, une complète liberté d'action, et quarante ans de travaux et d'efforts dirigés vers le même but. Il lui a fallu plus encore, pourquoi ne pas le dire? il lui a fallu la conviction intime que sa tâche serait continuée par sa famille, et qu'il travaillait pour sa postérité.

Il ressort évidemment des faits que nous venons d'exposer et des conséquences qui en découlent, que l'Égypte ne jouira jamais du calme intérieur et de l'entier développement de ses ressources, et ne sera jamais pour la métropole ni une possession assurée, ni une annexe utile, si elle n'est dotée d'institutions en rapport avec son état moral, d'un système d'administration spécialement approprié à ses besoins, d'un gouvernement ayant, avec une indépendance relative, des garanties de force et de durée.

La situation exceptionnelle de l'Égypte et la nécessité d'y pourvoir par la constitution également exceptionnelle de l'autorité locale ont déjà été reconnues par les hommes d'État de l'Europe et de la Turquie. Expression solennelle de la sagesse impériale, le hatti-chérif de 1841, conseillé par les grandes puissances, a eu pour objet d'en consacrer le principe par la pratique.

Le hatti-chérif, en effet, résout nettement la question. Sans aliéner les droits du souverain, il fait une large part à l'Égypte et au prince vassal qui la gouverne, puisqu'il établit textuellement :

1° Que le gouvernement de l'Égypte est rendu héréditaire en faveur de Méhémet-Ali et de sa descendance;

2° Que le Vice-Roi d'Égypte a la faculté d'entretenir une armée indigène;

3° Que, moyennant un tribut fixe et annuel envers le Sultan, le Vice-Roi a l'entière administration du pays, la perception et la gestion des revenus de l'Égypte.

Sauf quelques imperfections qu'on doit sans doute attribuer aux défiances qui survivaient à une crise encore récente, il est juste de reconnaitre que l'acte impérial de 1841 a constitué le pouvoir égyptien de manière à concilier les intérêts les plus divers. Monument des généreuses pensées du Sultan régnant, il assure à la fois à l'Égypte la libre expansion des germes de prospérité qu'elle recèle, et à la Sublime Porte la jouissance des avantages que lui avaient fait perdre les réserves de l'empereur Soliman. La lutte des intérêts n'est donc plus possible; et les calamités qui en étaient la suite ne sont plus à craindre, si l'on s'en tient loyalement, de part et d'autre, à l'esprit dans lequel cette grande œuvre a été conçue. D'une part, les témoignages de fidélité du vassal, et d'autre part la sagesse du Souverain, ont jusqu'à présent réussi à faire disparaître dans la pratique les imperfections du hatti-chérif dont nous venons de parler. Chaque fois que le Vice-Roi a démontré au Sultan la nécessité de ne pas appliquer à la lettre certaines dispositions de détail inutiles ou nuisibles aux intérêts bien entendus de l'Égypte et de l'Empire, il a été fait droit à ses demandes, de même que, de son côté, il n'a pas hésité à augmenter volontairement le tribut primitivement réglé, ou à fournir, dans certaines circonstances, des subsides extraordinaires.

Le hatti-chérif limitait à 18,000 hommes le nombre des troupes égyptiennes. La Porte a laissé en fait aux successeurs de Méhémet-Ali la faculté de porter leur force militaire à un chiffre bien supérieur; et elle s'en est bien trouvée, puisque, au moment où la dernière guerre a éclaté, les 60,000 soldats égyptiens qui composaient alors l'effectif de l'armée ont pu fournir à la Turquie un contingent de près de 40,000 hommes.

Depuis lors une autorisation spéciale du Sultan a fixé le chiffre normal de l'armée à 30,000 hommes.

L'acte de 1841 établissait que les troupes égyptiennes porteraient le même uniforme que les troupes ottomanes. Cette disposition pouvait-elle être observée, quand il est prouvé que le climat de l'Égypte rend cet uniforme incommode et même nuisible à la santé du soldat? Les héroïques zouaves sont habillés à la turque; ils portent le *chirwal* (large pantalon) et le turban; en sont-ils moins pour cela au premier rang des soldats de la France? Napoléon Ier avait les mameluks de sa garde; l'empereur de Russie a son escadron de Circassiens. Ce n'est pas le costume qui fait le courage et le dévouement, et il eût été puéril d'attacher à la forme du vêtement le gage de la fidélité.

Enfin, on lit dans le hatti-chérif que les lois et règlements d'administration publique émanés de la Sublime Porte seront exécutoires en Égypte. Appliquée dans toute sa rigueur, cette disposition aurait pu servir de prétexte pour annuler une partie des concessions essentielles stipulées dans l'intérêt de la bonne administration de l'Égypte.

Sous le gouvernement d'Abbas-Pacha, prédécesseur de Mohammed-Saïd, des négociations s'établirent entre le Divan impérial et le Vice-Roi au sujet de quelques points du *tanzimat,* dont ce dernier craignait que l'exécution en Égypte n'eût de graves inconvénients. Sans entrer dans l'exposé des arguments présentés de part et d'autre, nous rappellerons que, grâce à l'intervention éclairée d'hommes d'État dévoués aux intérêts de leur pays, parmi lesquels nous citerons Fouad-Pacha, le Sultan dans sa profonde équité donna raison à l'Égypte. Une dérogation expresse aux articles dont il s'agit fut admise en faveur du gouvernement local, et les difficultés se trouvèrent ainsi aplanies.

Les débats qui ont eu lieu à cette occasion ont révélé l'existence d'un parti qui regrette l'institution d'un gouvernement exceptionnel en Égypte, et qui serait très-disposé à dénaturer dans la pratique l'esprit de l'acte de 1841. Nous voulons parler de certains réformateurs, gens de bonne foi sans doute, mais tellement absolus dans leurs théories, qu'ils veulent en toute occasion en poursuivre l'application, au risque des plus sérieux mécomptes. Leur principe est l'unité d'organisation de l'Empire ottoman; c'est la centralisation administrative, à l'instar de celle qui est pratiquée en France. Il ne leur vient pas à la pensée que la France, avec ses quatre-vingt-six départements d'un seul tenant, sa population compacte, homogène, exige une autre organisation que l'Empire ottoman, composé de pays et de peuples si divers. L'unité existe en France; la centralisation y a produit d'excellents résultats. Ils voudraient donc donner à la Turquie la centralisation, l'unité françaises. Partant de là, et pressés de réaliser leur utopie, ils ne reculeraient devant aucun obstacle ni aucun danger pour faire passer toutes les fractions de l'Empire sous le niveau d'un système d'administration uniforme. Comme si la véritable, la grande unité pour un État composé d'éléments dissemblables n'était pas l'unité des résultats plutôt que celle des moyens; comme si la véritable centralisation pour une monarchie ainsi constituée ne résidait pas dans le concours actif et toujours disponible de toutes les forces nationales développées selon leur nature et conformément aux lois particulières de leur existence.

En tendant à diminuer la part d'autorité et à restreindre la liberté d'action justement attribuées au gouvernement de l'Égypte, on ne porterait pas seulement atteinte à ce gouvernement; la métropole elle-même aurait à regretter des tentatives irréfléchies.

En effet, pour peu que le chef du gouvernement égyptien ait le sentiment de ses devoirs et la conscience de la responsabilité qui pèse sur lui, aux yeux du monde entier comme à ceux de son suzerain; pour peu qu'il se rende compte des grands et nombreux intérêts qui reposent sur la bonne police et la paix intérieure du pays confié à ses soins, il regardera comme une impérieuse obligation de ne pas accepter aveuglément des mesures qui auraient pour effet d'atténuer les droits dans lesquels il puise la force nécessaire pour remplir dignement son mandat. Il opposera donc, comme cela s'est déjà vu, une résistance morale aux actes de nature à affaiblir entre ses mains les moyens d'action que précédemment on avait jugé convenable et utile de mettre à sa disposition. Sa fidélité n'en serait pas un instant ébranlée; et loin que des doutes puissent s'élever sur la loyauté de ses intentions, sa résistance

même serait le gage le plus sûr de son dévouement
à la patrie commune. Mais il n'en est pas moins vrai
que si un dissentiment s'élevait entre la métropole
et l'Égypte, si le faisceau des forces ottomanes était
momentanément relâché, s'il y avait divergence de
vues et d'efforts, rien dans la situation actuelle de
la Turquie ne saurait être plus préjudiciable à la
chose publique.

On concevrait encore jusqu'à un certain point
que les partisans exclusifs de la centralisation con-
sentissent à courir quelque risque pour établir leur
système, si l'Empire ottoman devait en définitive en
recueillir de grands avantages et si une intervention
plus directe dans l'administration de l'Égypte pouvait procurer à la Sublime Porte des ressources su-
périeures à celles qui lui sont assurées sous le régime actuel. Mais il n'y a pas même à espérer un
pareil résultat; l'expérience n'est plus à faire. Nous
savons ce que l'Égypte rendait à la Turquie lorsqu'elle était gouvernée par des pachas de Constantinople; le compte n'est pas long à dresser. Quant
aux forces militaires, il ne fallait pas même songer
à en tirer de l'Égypte, dont les habitants ne s'ar-
maient que pour piller les voyageurs ou se battre
entre eux.

Eh bien, aujourd'hui cette même Égypte verse
régulièrement, et quelquefois par avance, au trésor
impérial, un tribut annuel qui, tous frais d'admi-

nistration payés, ne s'élève pas à moins de 12 millions de francs. A cette large contribution viennent s'ajouter en maintes occasions des dons volontaires dont le chiffre a de l'importance.

En outre, durant la dernière guerre, l'Égypte a pu, sans diminuer la force publique nécessaire à la garde et à la police du pays, fournir à la Sublime Porte un contingent considérable de soldats courageux et disciplinés qui ont glorieusement combattu sur les bords du Danube et en Crimée, ainsi qu'une division navale composée de plusieurs frégates et vaisseaux. Ce n'est pas tout : 40,000 fusils, des approvisionnements et des munitions de toutes sortes ont été tirés des magasins et des arsenaux du Caire et d'Alexandrie, pour être offerts à la métropole.

Dans toutes les mosquées de l'Égypte, la prière se fait au nom du Sultan; son chiffre est inscrit sur les étendards de l'armée indigène. Le canal du Nil à Alexandrie, le plus grand monument de l'Égypte moderne, le barrage du Nil, proclament assez haut, par les appellations qu'ils ont reçues, les noms des monarques sous lesquels ils ont été exécutés. Prestations effectives et obligatoires envers la Sublime Porte, symboles extérieurs, tout révèle et consacre aujourd'hui en Égypte la souveraineté du Sultan.

Ce rapprochement entre le passé et le présent est assez concluant; nous ne le pousserons pas plus loin.

Les vrais amis de l'Empire ottoman, ceux qui regardent comme inséparables la prospérité de l'Égypte et la régénération de la Turquie, doivent donc s'attacher à maintenir les principes qui ont donné naissance à la transaction de 1841. Les alliés de la Turquie ont bien senti que l'œuvre de la délivrance ne serait complète qu'autant qu'ils éclaireraient la Sublime Porte sur la marche à suivre pour dégager les forces vitales de l'Empire des éléments délétères qui les frappent d'inertie. Déjà, par leur avis, de sages réformes sont au moment de s'accomplir, de larges voies de communication vont faire pénétrer dans l'intérieur de l'Empire le mouvement qui donne la vie au commerce et à l'agriculture, et les capitaux étrangers pourront y mettre en valeur les richesses du sol. L'Égypte a eu la gloire de prendre l'initiative de ce mouvement. Depuis plus d'un quart de siècle, la tolérance religieuse la plus large est dans la pratique du gouvernement égyptien; et, bien avant que l'égalité des droits eût été formulée dans la législation de la métropole, les chrétiens se voyaient, en Égypte, élevés aux mêmes grades, aux mêmes honneurs que les musulmans.

Si de la question de principe nous passons à la question de personne, il sera facile de démontrer que les intérêts de la Turquie, liés à ceux de l'Égypte, ne risquent en aucune façon de péricliter sous l'administration du Vice-Roi actuel. Ce prince n'a cessé depuis son avénement de témoigner à la Porte les plus grands égards, et si quelques amis de l'Égypte et de la Turquie ont eu un reproche à lui faire, c'est d'avoir peut-être donné lieu aux exigences dont il est l'objet aujourd'hui par une politique de condescendance qui n'avait jamais été suivie par ses prédécesseurs.

Les événements montreront si le reproche fait à cette politique est mérité.

En attendant, certains membres du Divan en ont abusé en cherchant à faire considérer le gouvernement de l'Égypte comme le simple pachalik d'une province ordinaire. Mais le Sultan, dans sa haute sagesse, a au contraire ajouté aux pouvoirs et aux honneurs du khédive d'Égypte, et il lui a accordé l'héritage *direct*. C'est le même principe d'ordre et de stabilité que la France avait fait prévaloir en 1840, en refusant de rentrer dans le concert européen et en posant un cas de guerre tant que l'on n'admettrait pas le maintien héréditaire de la famille de Méhémet-Ali dans le gouvernement de l'Égypte.

Ceux qui prétendent qu'il serait loisible à la Porte, sur un motif quelconque, de destituer le khédive d'Égypte et de le remplacer par un dignitaire de l'Empire ou par un autre membre de la famille que celui qui est déjà désigné dans un acte public reconnu par la diplomatie européenne, se trompent étrangement et égarent l'opinion publique. Ils comptent sans les sentiments de loyauté du Sultan et sans l'accord de toutes les puissances intéressées au maintien des bons rapports entre l'Égypte et la Turquie.

DE
L'INTÉRÊT DE LA TURQUIE

AU

PERCEMENT DE L'ISTHME DE SUEZ.

Des intérêts de l'ordre le plus élevé se rattachent, pour la Turquie, au succès de cette entreprise : intérêt politique, intérêt religieux, intérêt commercial.

L'intérêt politique est nettement défini par cette situation qui ajoute à la stabilité de l'Empire en le dotant d'un nouveau passage maritime dont l'Europe sera aussi intéressée à maintenir l'indépendance qu'elle l'a été à conserver la neutralité de l'ancien passage des Dardanelles.

L'intégrité de l'Empire ottoman, inscrite dans des traités qui en définitive n'ont souvent de valeur durable que par un accord permanent fondé sur l'intérêt des puissances contractantes, acquiert une consécration bien plus complète dans les nécessités des faits, dans les indispensables conditions de l'équilibre du monde. Les puissances de l'Europe avaient un intérêt à défendre cette intégrité; elles en auront deux désormais. Le Grand Seigneur devient le gardien des deux positions politiques et commerciales les plus importantes : le passage de la mer Noire à la Méditerranée, le passage de la Méditerranée aux mers asiatiques et australes.

Dans la même main les deux passages se prêtent une force mutuelle, une mutuelle garantie. Ils consolident et sanctionnent, sous le même sceptre, la neutralité de l'Empire, que cette double position achève d'incorporer à l'équilibre européen.

Comme les puissances européennes ne pourront jamais consentir à voir le canal de Suez possédé ou dominé par une seule d'entre elles, l'Égypte ne peut plus dans aucun cas servir d'appoint ou de compensation; et ainsi s'évanouissent les rêves de certains hommes d'État qui, pour obtenir une part dans les dépouilles, songeraient encore à faire accepter un jour à l'Europe le partage de l'Empire ottoman.

La politique des conquêtes exclusives semble avoir fait son temps; mais enfin, en supposant que le monde dût retomber dans les anciennes ornières, quels dangers aurait à prévoir et à combattre l'Empire ottoman?

D'un côté, il aurait à défendre Constantinople; de l'autre, il aurait à veiller sur l'Égypte. Là sont les deux poids de la balance, car l'on ne doit pas oublier que depuis le commencement de ce siècle, dans deux circonstances mémorables, le partage de l'Empire ottoman a été proposé en plaçant pour conditions du marché sur les deux plateaux de la balance Constantinople et l'Égypte.

Des événements récents ont prouvé que la Turquie ne serait pas seule à repousser les attaques du côté de Constantinople.

Quant à l'Occident, nous savons que jamais l'Angleterre et la France ne pourraient se mettre d'accord sur la possession de l'Égypte par l'une d'elles. Mais quelle différence de sécurité si, de nationale, entre ces deux puissances, la question devenait européenne; si par la possession d'une route neutralisée entre les deux plus opulentes mers du globe, l'Égypte, sous la suzeraineté du Sultan, rendait solidaires de sa situation l'Autriche par la prospérité de l'Adriatique et le développement de son commerce maritime; l'Italie et la France par leurs ports de la Méditerranée; l'Angleterre par ses communications avec l'Inde et l'Australie; la Russie par ses ports de la mer Noire et la communication maritime des grands fleuves qui y débouchent avec ses établissements de l'Amour; l'Espagne par ses possessions coloniales et son littoral méditerranéen; la Hollande par ses intérêts à Sumatra, à Java et à Bornéo; les États-Unis d'Amérique par une abréviation de près de 3,000 lieues pour leurs ports de l'océan Atlantique dans leur navigation vers l'océan Indien!

Ajoutons que, par tous les intérêts attachés au maintien du *statu quo*, le canal de Suez est destiné à relier encore davantage l'Égypte au reste de l'Empire. Tout antagonisme entre le vassal et le suzerain peut à jamais disparaître non-seulement par les considérations extérieures que nous venons d'indiquer, mais encore par un motif puissant de politique intérieure. En effet, comme le canal de Suez sera la démonstration matérielle de ce principe quelquefois méconnu que la prospérité et la puissance de l'Égypte sont des éléments essentiels de vitalité pour la Turquie, la fidélité du vassal sera d'autant plus assurée que les partisans de l'affaiblissement de l'Égypte auront perdu toute influence dans les conseils de la Porte.

Les hommes éclairés de la Turquie, loin de s'alarmer d'une pareille situation, voient, au contraire, dans les conséquences de l'ouverture du canal de Suez un gage de sécurité pour l'avenir; car ce qu'ils redouteraient par-dessus tout, ce serait d'être exposés, de la part d'une puissance européenne, aux éventualités dangereuses que nous venons d'indiquer; ils préféreront toujours voir l'Égypte gouvernée d'une manière exceptionnelle par des princes musulmans dont l'origine est turque et que tant de liens de communauté politique et religieuse rattachent à la métropole.

Quant au Vice-Roi d'Égypte Mohammed-Saïd, dans ses communications avec les hommes d'État de la Turquie, et à l'occasion des susceptibilités que l'on a cherché à éveiller contre lui, voici ce qu'il a dit : « Dans l'état actuel, un prince gouverneur de l'É-
» gypte qui aurait des arrière-pensées ne permet-
» trait pas l'exécution du canal de Suez. Toute la
» côte, depuis Damiette jusqu'aux premiers ports de
» la Syrie, est aujourd'hui en dehors de toute sur-
» veillance étrangère, ainsi que du mouvement de
» la navigation européenne. Rien n'empêcherait le
» Vice-Roi d'Égypte, dans une circonstance donnée,
» de préparer des armements, de réunir des troupes
» sans éveiller l'attention du dehors, et de lancer ses
» forces sur la Syrie avant que personne songeât
» à l'en empêcher. Avec le canal de Suez la situation
» sera complétement changée.

» En outre, les possessions si importantes de la
» Turquie en Arabie peuvent être facilement affa-
» mées par l'Égypte chargée de les approvisionner en

« grains; il y existe toujours des ferments de révolte
» qu'il serait très-facile à l'Égypte d'entretenir et
» d'augmenter, et qu'elle seule, avec les voies pré-
» sentes de communication, serait en mesure de do-
» miner. L'expérience a déjà prouvé que l'éloigne-
» ment et la difficulté des transports ne permettent
» pas à la Turquie d'envoyer en Arabie assez régu-
» lièrement ni en assez grand nombre les forces né-
» cessaires à la prépondérance assurée de son pou-
» voir. Enfin, l'on a parlé d'une barrière que le
» canal élèverait entre l'Égypte et la Turquie. Il
» suffit de connaître le pays pour rester convaincu
» que, physiquement, la séparation entre la Turquie
» et l'Égypte est bien plus complète par le désert
» qu'elle ne le sera par le canal, autour duquel des
» populations de cultivateurs syriens et égyptiens
» viendront se grouper. »

Ce langage, remarquable par sa loyauté, ne l'est
pas moins par sa frappante vérité.

Montrons maintenant que, dans cette question,
l'intérêt politique se fortifie de l'intérêt religieux, et
que souvent ils se fondent l'un dans l'autre.

La puissance des Sultans successeurs des Califes
est à la fois un pouvoir politique et un suprême
pontificat. Le Grand Seigneur est le chef et le pro-
tecteur de la religion musulmane en même temps
que le souverain des territoires dont se composent
ses États.

Personne n'ignore l'importance attachée par les musulmans à la possession des villes saintes, regardée par eux comme une condition essentielle de l'autorité spirituelle du Sultan. Mais l'on connait aussi les difficultés et les lenteurs des communications actuelles entre la Turquie et l'Arabie, les espaces dévorants à franchir, les déserts à traverser pour envoyer directement des forces suffisantes au maintien d'une suprématie nécessaire.

L'ouverture du canal de Suez fera disparaître tous ces obstacles. Constantinople pourra communiquer en quelques jours avec les côtes de l'Arabie; une route maritime toujours praticable et facile lui permettra de pourvoir à toutes les éventualités et replacera réellement les sanctuaires de la foi sous l'action directe du pontife souverain.

L'exécution de l'entreprise résolue par le Vice-Roi d'Égypte facilite encore et multiplie, au profit de l'autorité du Sultan, un des actes de foi les plus chers à la piété musulmane, et affranchit les sujets de l'Empire des périls du saint pèlerinage marqués aujourd'hui sur les routes des caravanes par les ossements dont elles sont annuellement blanchies.

Plus indirectement, mais non moins réellement, le canal de Suez rend le même service aux populations musulmanes de l'Asie et de l'Afrique orientale et centrale. En unissant les deux mers, il introduit dans la mer Rouge et met à la disposition des hadjis

de ces contrées les moyens de communication nombreux et perfectionnés que possède la navigation de
la Méditerranée; il rattache plus étroitement à l'influence du Sultan des peuplades qui reconnaissent
et respectent déjà sa suprématie religieuse.

Ce serait une erreur de croire qu'il n'y a point
de ce côté une action très-sérieuse à exercer dans
l'avenir pour le gouvernement du Grand Seigneur.

Sous le rapport commercial, la Turquie recueil-
lera de l'union des deux mers des avantages non
moins évidents que sous les rapports politique et
religieux.

Sans remonter aux souvenirs de la vieille Byzance,
Constantinople fut, à certaines époques du moyen
âge, l'un des grands entrepôts du commerce entre
l'Occident et l'Orient. Par l'Euphrate, par les hauts
plateaux de l'Asie, elle recevait les produits de l'Inde;
les soieries de la Chine et les denrées de l'Orient,
embarquées dans les ports de la mer Noire, venaient
s'entreposer aux rives du Bosphore. Les Vénitiens
et les Génois étaient les facteurs de ces importantes
relations.

Par des voies perfectionnées, par des combinai-
sons différentes, le percement de l'Isthme doit offrir
au commerce et à la navigation de Constantinople
une carrière encore plus riche à exploiter.

Un seul fait matériel suffit à indiquer les avantages que cette ville est en droit d'attendre de la route nouvelle.

De tous les grands ports européens, Constantinople est celui que le canal maritime rapproche le plus des Indes et de la Chine : il en est aujourd'hui le plus éloigné ; il est à 6,000 lieues de Bombay, il n'en sera plus qu'à 1,800 lieues ; il deviendra nécessairement l'entrepôt d'une partie du commerce qui s'établira entre les mers orientales et la mer Noire ; et l'on peut se faire une idée de ce mouvement en remarquant que Trébizonde et Odessa sont moins éloignées de Suez que Trieste et Marseille.

Il va sans dire que les avantages commerciaux qui viennent d'être signalés s'appliquent à tous les ports de l'Empire dans l'Asie Mineure, en Syrie, dans l'Archipel.

Par les bouches du Danube, Constantinople étend déjà ses relations commerciales jusqu'au sein de la Hongrie et de l'Allemagne ; ces relations augmenteront naturellement par l'ouverture de l'Isthme à la navigation, et les provinces moldo-valaques, en obtenant de nouveaux débouchés pour leurs produits, surtout pour les céréales, ne manqueront pas d'acquérir de nouveaux éléments de prospérité.

Enfin, la Turquie, aujourd'hui étrangère aux opulents échanges qu'opère la grande navigation par le cap Horn et le cap de Bonne-Espérance, y pourra prendre une part active lorsque le grand chemin de ces échanges sera la mer Rouge rendue par le passage de Suez accessible aux caboteurs de la Méditerranée.

Tels seront pour la Turquie les résultats immédiats de l'ouverture du canal maritime, indépendamment de l'essor que sauront leur donner dans l'avenir l'intérêt des négociants et la sollicitude éclairée du gouvernement pour le bien-être et le progrès des populations.

ANTÉCÉDENTS HISTORIQUES

DU

CANAL DES DEUX MERS.

On sait que dès les temps les plus reculés, à défaut d'un canal direct d'une mer à l'autre, que l'état peu avancé de la science ne permettait pas d'exécuter, il a existé un vaste canal qui reliait la mer Rouge au Nil. Ce canal, entrepris d'abord par Néchos, fils de Psammétichus (630 ans avant l'ère chrétienne), peut-être même par ses prédécesseurs, avait été achevé par Darius, fils d'Hystaspe.

Un demi-siècle après Darius, Hérodote, de qui nous tenons le récit dont je viens de faire le résumé, dit que ce canal avait de longueur quatre journées de navigation et assez de largeur pour que deux trirèmes pussent y passer de front. Il commençait alors à Bubaste sur le Nil, et se dirigeant à l'est, et ensuite au sud, il venait aboutir sur la mer Rouge à Patymos.

Les Ptolémées entretinrent le canal et l'améliorèrent.

Strabon, qui voyageait en Égypte cinquante ans avant J.-C., vit aussi le canal chargé de navires. Les empereurs romains, et surtout Trajan et Adrien, y firent faire des travaux et des accroissements considérables. A l'époque de la conquête musulmane, il avait été abandonné; mais les premiers califes, comprenant qu'il était important de le rétablir dans l'intérêt des villes saintes de la Mecque et de Médine et des populations de l'Arabie, le firent bientôt reconstruire; il porta le nom de *Canal du Prince des Fidèles,* et fut maintenu pendant un siècle et demi. Voici d'ailleurs ce que racontent les auteurs arabes.

EXTRAIT D'EL-MAKRIZY.

« Canal du Prince des Fidèles.

» Ce canal a été creusé par un ancien roi d'Égypte
» pour Hadjar (Agar), mère d'Ismaël, lorsqu'elle
» demeurait à la Mecque. Dans la suite des temps
» il fut creusé une seconde fois par un des rois
» grecs qui régnèrent en Égypte après la mort
» d'Alexandre.

» Lorsque le Très-Haut accorda l'islamisme aux
» hommes et que Amrou-ben-el-A'ss fit la conquête
» de l'Égypte, ce général, d'après l'ordre d'Omar-
» ben-el-Khaththâb, Prince des Fidèles, s'occupa de
» faire recreuser le canal dans l'année de la morta-
» lité. Il le conduisit jusqu'à la mer de Kolzoum,
» d'où les vaisseaux se rendaient dans l'Hedjaz,
» l'Yemen et l'Inde. On y passa jusqu'à l'époque où
» Mohammed-ben-Abdallah-ben-Haçan se révolta
» dans la ville du prophète (Médine) contre Abou-

» Djafar-Abdoullah-ben-Mohammed-el-Mansour,
» alors calife de l'Irak. Ce souverain écrivit à son
» lieutenant en Égypte pour lui ordonner de com-
» bler le canal afin qu'il ne s'en servît point pour
» transporter des provisions à Médine. Cet ordre fut
» exécuté et toute communication interrompue avec
» la mer de Kolzoum. Les choses sont restées dans
» l'état où nous les voyons aujourd'hui. »

D'après l'auteur *Schems-Eddin,* le canal doit son
origine à un ancien roi d'Égypte, appelé Tarsis-ben-
Malia. « Ce fut sous son règne, dit-il, qu'Abraham
» vint en Égypte. Le canal aboutissait à la ville de
» Kolzoum, et les eaux du Nil se déchargeaient en
» ce lieu dans la mer Salée. Les vaisseaux chargés
» de grains descendaient par ce canal dans le golfe
» Arabique. Omar fit nettoyer et recreuser ce canal,
» et on le nomma depuis ce temps Canal du Prince
» des Fidèles. Il demeura en cet état pendant cent
» cinquante ans, jusqu'au règne du calife Abasside
» Abou-Djafar-el-Mansour (l'an 159 de l'hégire,
» 775 ans ap. J.-C.), qui fit fermer l'embouchure
» de ce canal dans la mer de Kolzoum. »

Alfergan le géographe dit :

« Le fleuve Trajan qui passait à la Babylone
» d'Égypte, comme le dit en termes précis Ptolé-
» mée, est le même qui fut appelé plus tard le Ca-
» nal du Prince des Fidèles, et qui coule le long de
» Fostat (vieux Caire), car Omar, comme il est dit

» dans l'histoire de la guerre d'Égypte, ordonna que
» ce canal fût rouvert, à l'effet de faire transporter
» des vivres à Médine et à la Mecque, qui étaient
» désolées par la famine. »

Le calife Omar-ben-el-Khaththâb écrivit à Amrou-
ben-el-A'ss une lettre ainsi conçue :

« Au rebelle, fils du rebelle. Tandis que toi et tes
» compagnons vous vous engraissez, vous ne vous
» inquiétez point si moi et les miens nous maigris-
» sons. Donne-nous donc du secours; au secours!

» Je suis à toi, répondit Amrou; je t'envoie un
» convoi de bêtes de somme, dont la première sera
» chez toi quand la dernière ne sera pas encore par-
» tie : *j'espère en outre trouver un autre moyen de
» transport par mer.* »

Mais Amrou ne tarda pas à se repentir d'avoir
donné cette dernière idée, parce qu'on lui fit obser-
ver qu'il était possible de dévaster l'Égypte et de la
transférer à Médine. Aussitôt il écrivit qu'il avait
réfléchi *sur le transport par mer,* et qu'il y trouvait
des difficultés insurmontables.

Omar lui répondit : « J'ai reçu la lettre par la-
» quelle tu cherches à éluder l'exécution du projet
» conçu dans la précédente. J'en jure par le Tout-
» Puissant, ou tu l'exécuteras, ou je te chasserai par
» les oreilles et j'en enverrai un qui l'exécutera. »

Amrou vit bien qu'il avait désobéi à Omar, *et il
s'occupa à l'instant même du canal.* Omar lui enjoi-

gnit de ne pas négliger de lui envoyer de tous les comestibles, des vêtements, des lentilles, des oignons et des bestiaux : en un mot de tout ce qui se trouvait en Égypte.

Elkendi, dans son ouvrage Aldjend-el-Moghreby, dit que ce canal fut creusé en l'an 23 de l'hégire (643 de l'ère chrétienne) et terminé en six mois, de manière que les vaisseaux y passèrent et purent se rendre dans l'Hedjaz.

On lit dans les *Mémoires* de M. de Tott *sur les Turcs* (parties III et IV.)

« Le sultan Mustapha traita avec un grand intérêt le projet de la jonction des deux mers par l'Isthme de Suez. Il voulut même ajouter aux connaissances que j'avais à cet égard celle des différents commissaires qui avaient été en Égypte, et si Mustapha avait assez vécu pour entreprendre ce travail, il eût trouvé sur les lieux des facilités qui l'auraient mis à même d'opérer la plus grande révolution dont la politique soit susceptible. Ce Sultan, dont l'esprit commençait à s'éclairer, m'a fait faire un travail sur cet objet important, dont il réservait l'exécution à la paix.

» Dans les différents travaux qui ont illustré l'ancienne Égypte, le canal de communication entre la mer Rouge et la Méditerranée mériterait la première place, si les efforts du génie en faveur de l'utilité publique étaient secondés par les générations destinées un jour à en jouir, et si les fondements du bien social pouvaient acquérir la même solidité que les préjugés qui tendent à le détruire.

» Voilà cependant l'abrégé de l'histoire; il n'offre que ce tableau, c'est celui de toutes les nations, celui de tous les siècles. Sans ces continuelles destructions, la position la plus heureuse aurait dicté des lois immuables, et le canal de la mer Rouge eût été constamment la base du droit public des nations. »

Napoléon devait paraître sur le sol qu'avaient foulé Sésostris, Alexandre et César. A peine arrivé en Égypte, à la fin du siècle dernier, il se hâta d'accourir à Suez pour juger s'il pourrait recommencer l'œuvre des Pharaons, des Grecs et des Romains. Le 24 décembre 1798, il partait du Caire, et, le 30, il retrouvait, le premier parmi ses illustres compagnons Berthier, Caffarelli, Gantheaume, Monge, Berthollet, Costaz, les vestiges de l'antique canal; il les suivait pendant cinq lieues, puis, après avoir visité les fontaines de Moïse, il revenait au Caire par l'Ouadé-Toumilat (terre de Gessen), et il voyait près de Belbéis, le 3 janvier 1799, l'autre extrémité du canal des Pharaons. Il demanda à un ingénieur habile, M. Lepère, un Mémoire sur la communication de la Méditerranée à la mer Rouge. Le canal que proposa M. Lepère n'était que l'ancien canal, et, dans ses calculs, ce travail devait coûter seulement de 25 à 30 millions. La prise d'eau était à

Bubaste, sur le Nil, avec une dérivation sur le Caire en amont. Il se dirigeait par l'Ouadé-Toumilat vers le lac Timsah, et, tournant au sud, il descendait vers Suez. C'était toujours la pensée d'un canal destiné uniquement à relier le Nil à la mer Rouge. Cependant, à côté de cette pensée principale, on voit poindre une autre pensée qui était la vraie, mais qui resta inféconde. A la vue des lieux, l'habile ingénieur ne put s'empêcher de reconnaître les facilités qu'offrait la nature pour un canal qui mettrait en communication directe Suez et Péluse. Celui-là était véritablement le canal qui coupait l'Isthme, et qui seul pouvait ouvrir la grande voie maritime réclamée par le commerce et la civilisation du monde, mais deux considérations l'empêchaient d'accueillir cette idée. Il croyait, en l'absence d'études approfondies qui n'avaient point encore été faites, à l'impossibilité de maintenir des ports aux extrémités de la ligne de navigation. Les travaux récents de la Commission scientifique internationale ont péremptoirement démontré que, grâce aux moyens perfectionnés dont l'art de l'ingénieur dispose aujourd'hui, les difficultés que l'on redoutait autrefois n'existent plus.

Laissons toutefois parler M. Lepère lui-même. Son opinion sur la coupure directe de l'Isthme se trouve exprimée en ces termes :

« Dans ce projet du canal de Suez, nous avons

» exprèssément motivé le choix de l'ancienne direc-
» tion par l'intérieur du Delta vers Alexandrie sur
» des considérations commerciales particulières à
» l'Égypte, et sur ce que la côte vers Péluse ne pa-
» rait pas permettre d'établissement maritime per-
» manent. Néanmoins, nous croyons devoir recon-
» naître que, abstraction faite de ces considérations,
» il serait encore facile d'ouvrir une communication
» directe entre Suez, le lac Amer et le Ras-el-Moyeh,
» prolongée sur le bord oriental du lac Menzaleh
» jusqu'à la mer vers Péluse.

» Nous pensons qu'un canal ouvert sur cette di-
» rection présenterait un avantage que n'aurait pas
» le canal intérieur. En effet, la navigation, qui
» pourrait y être constante, ne serait pas assujettie
» aux alternatives des crues et des décroissements
» du Nil. Il serait facile d'y entretenir une profon-
» deur plus considérable.... J'ajouterai que, si je ne
» voyais quelques difficultés à creuser et à entretenir
» à la profondeur convenable le chenal entre Suez
» et la rade (la force des dragues à vapeur n'était
» pas encore connue), je proposerais d'établir à l'u-
» sage des grands navires la communication directe
» des deux mers par l'Isthme, ce qui deviendrait le
» complément de cette grande et importante opé-
» ration. »

Napoléon Ier, en recevant après son retour en
France des mains de M. Lepère et en présence des

autres membres de l'Institut d'Égypte, le célèbre *Mémoire sur le canal des deux mers,* prononça ces prophétiques paroles :

« *La chose est grande, ce n'est pas moi mainte-*
» *nant qui pourrai l'accomplir; mais le gouverne-*
» *ment turc trouvera un jour sa conservation et sa*
» *gloire dans l'exécution de ce projet.* »

LETTRE

DE M. FERDINAND DE LESSEPS

A M. LE VICOMTE STRATFORD DE REDCLIFFE.

Constantinople, 28 février 1855.

Il y a des questions qui demandent à être franchement abordées pour être bien résolues, de même qu'il y a des plaies qui doivent être découvertes pour être guéries. La loyauté avec laquelle vous avez accueilli mes premières observations au sujet d'une affaire dont je ne me dissimule pas la gravité m'encourage à soumettre à votre appréciation un point de vue qu'il me paraît utile d'envisager dans la question de l'Isthme de Suez. La haute influence que votre caractère et votre longue expérience vous donnent naturellement le droit d'exercer dans les décisions de votre gouvernement au sujet de toutes les questions orientales me fait attacher un grand prix à ne rien négliger pour que vous puissiez former votre opinion en toute connaissance de cause.

Les résultats déjà obtenus par l'alliance intime de la France et de l'Angleterre témoignent assez de quel avantage est cette union des deux peuples dans l'intérêt de l'équilibre européen et de la civilisation.

Il y va donc de l'avenir et du bonheur de toutes les nations de l'univers de maintenir intact, de préserver de toute atteinte un état de choses qui, à l'éternel honneur des gouvernements qui l'ont constitué, peut seul, avec le temps, assurer à l'humanité les bienfaits du progrès et de la paix. De là la nécessité de faire disparaître à l'avance toutes les causes de rupture et même de refroidissement entre les deux peuples; de là par conséquent l'impérieux devoir de rechercher dans les futurs contingents quelles sont les circonstances de nature à réveiller des sentiments séculaires d'antagonisme, et à provoquer au sein de l'une ou de l'autre des deux nations de ces émotions contre la violence desquelles la sagesse des gouvernements est impuissante à lutter. Les motifs d'une rivalité hostile tendent successivement à faire place à cette généreuse émulation qui enfante les grandes choses.

En considérant la situation d'une manière générale, on ne voit guère sur quel terrain et à quelle occasion s'engageraient de nouveau des luttes qui ont si longtemps ensanglanté le monde. Sont-ce les intérêts financiers et commerciaux qui peuvent diviser les deux peuples? Mais les capitaux de la Grande-Bretagne jetés dans toutes les entreprises de la France et l'immense développement qu'a pris le commerce international établissent entre elles des liens qui chaque jour deviennent plus étroits. Sont-ce les intérêts politiques et les questions de principes? Mais les deux nations n'ont plus qu'un même but, qu'une même ambition, le triomphe du droit sur la force, de la civilisation sur la barbarie. Sont-ce enfin de mesquines jalousies pour une extension territoriale? Mais elles reconnaissent aujourd'hui que le globe est assez vaste pour offrir à l'esprit d'entreprise qui anime leurs populations respectives des pays à mettre en valeur, des créatures humaines à tirer de l'état de barbarie, et d'ailleurs, du moment que leurs pavillons flottent ensemble, les conquêtes de l'une profitent à l'activité de l'autre.

Au premier abord on n'aperçoit donc rien dans l'ensemble des choses qui puisse altérer nos bonnes relations avec l'Angleterre.

Cependant, si l'on y regarde de près, une éventualité se présente qui, faisant partager aux cabinets les plus éclairés et les plus modérés les préjugés et les passions populaires, est capable de raviver de vieilles antipathies et de compromettre, avec l'alliance, les liens dont elle doit être la source.

Il est en effet un point du globe au libre parcours duquel se lie la puissance politique et commerciale de la Grande-Bretagne, un point dont la France avait pour sa part, dans les siècles passés, ambitionné la possession. Ce point, c'est l'Égypte, route directe de l'Europe aux Indes, l'Égypte, arrosée à plusieurs reprises du sang français.

Il est superflu d'établir les motifs qui ne permettent pas à l'Angleterre de voir l'Égypte entre les mains d'une nation rivale sans opposer la plus énergique résistance; mais ce dont il faut également tenir grand compte, c'est qu'avec des intérêts moins positifs la France, sous l'empire de ses glorieuses traditions, sous l'impulsion d'autres sentiments plus instinctifs que raisonnés, et par cela même tout-puissants sur l'esprit impressionnable de ses habitants, ne saurait à son tour laisser à l'Angleterre la paisible domination de l'Égypte. Il est clair que tant que la route des Indes est ouverte et sûre, que l'état du pays garantit la facilité et la promptitude des communications, l'Angleterre n'ira pas se créer les plus graves difficultés pour s'approprier un territoire qui à ses yeux n'a de valeur que comme voie de transit. Il est également évident que la France, dont la politique consiste depuis cinquante ans à contribuer à la prospérité de l'Égypte tant par ses conseils que par le concours d'un grand nombre de Français distingués dans les sciences, dans l'administration, dans tous les arts de la paix ou de la guerre, ne cherchera pas à réaliser de ce côté les projets d'une autre époque aussi longtemps que l'Angleterre n'y mettra pas le pied.

Mais qu'il arrive une de ces crises qui ont si souvent ébranlé l'Orient, qu'une circonstance se produise où l'Angleterre se trouve dans la rigoureuse obligation de prendre position en Égypte pour empêcher qu'une autre puissance ne l'y précède, et qu'on nous dise s'il est possible que l'alliance résiste aux complications qu'un pareil événement ferait naître. Et pourquoi l'Angleterre se croirait-elle forcée de se rendre maîtresse de l'Égypte, au risque même de rompre son alliance avec la France? Par cette seule raison que l'Égypte est la route la plus courte, la plus directe de l'Angleterre à ses possessions orientales, que cette route doit lui être constamment ouverte, et qu'en ce qui touche ce puissant intérêt elle ne saurait jamais transiger. Ainsi, par la position que la nature lui a faite, l'Égypte peut encore être le sujet d'un conflit entre la France et la Grande-Bretagne, de telle sorte que cette chance de rupture disparaîtrait si, par un événement providentiel, les conditions géographiques de l'ancien monde étaient changées et que la route des Indes, au lieu de traverser le cœur de l'Égypte, fût reportée à ses limites, et étant ouverte à tout le monde, ne pût jamais être exposée à rester le privilége de personne.

Eh bien, cet événement, qui doit être dans les vues de la Providence, est aujourd'hui à la portée des hommes. Il peut être accompli par l'industrie humaine; il est réalisable par le percement de l'Isthme de Suez, entreprise à laquelle la nature n'oppose aucun obstacle, et où viendraient certainement s'engager les capitaux libres de l'Angleterre aussi bien que d'autres pays.

Que l'Isthme soit coupé, que les flots de la Méditerranée se mêlent à ceux de l'océan Indien, que le chemin de fer soit continué et terminé, et l'Égypte, en acquérant une plus grande valeur comme pays de production, de commerce intérieur, d'entrepôt et de transit général, perd sa périlleuse importance comme voie de communication incertaine ou contestée. La possession de son territoire n'ayant plus d'intérêt pour l'Angleterre, cesse d'être l'objet d'une lutte possible entre cette puissance et la France, l'union des deux peuples est désormais inaltérable, et le monde est préservé des calamités qu'entraînerait leur rupture. Ce résultat offre de telles garanties pour l'avenir, qu'il suffit de l'indiquer pour appeler sur l'entreprise destinée à l'assurer la sympathie et les encouragements des hommes d'État, dont les efforts ont pour but d'asseoir l'alliance anglo-française sur des bases inébranlables. Vous êtes un de ces hommes, milord, et vous avez une trop grande part dans les débats de la haute politique pour que je n'aie pas le désir de vous faire connaître mes vœux.

FERD. DE LESSEPS.

FIRMAN DU 5 JUIN 1867.

Après les formules qui confèrent aux pachas d'Égypte le titre de khédive, le firman continue ainsi qu'il suit :

« Mon firman impérial qui confère à la vice-royauté d'Égypte le privilége de l'hérédité directe, stipule en outre que les lois organiques en vigueur dans les différentes parties de mon Empire seront mises en pratique et appliquées en Égypte conformément à la justice, à l'équité, et en prenant en considération les mœurs et le caractère des habitants.

» Mais par lois organiques il faut entendre les principes généraux proclamés par la charte de Gulkhane (garantie sur l'honneur, sur la vie et sur les biens). Seulement l'administration intérieure de l'Égypte, et par conséquent les intérêts financiers, matériels et autres du pays, ayant été confiés au gouvernement du Vice-Roi, il a paru nécessaire d'accorder au gouvernement égyptien la permission de faire tous les règlements ou lois spéciales qu'il croirait nécessaires dans le but de développer ces intérêts sous forme d'actes spéciaux d'administration intérieure.

» Tous les traités souscrits par mon gouvernement impérial devront, comme toujours, être exécutés en Égypte. Mais le khédive a toute autorisation de conclure avec les agents étrangers des arrangements spéciaux relatifs aux douanes, à la police
des sujets étrangers, au transit et à la poste; seulement ces arrangements ne pourront en aucune
façon être promulgués sous forme de traités ou de
conventions politiques.

» Dans le cas où ces actes ne seraient point con-
formes aux lois organiques dont il a été parlé plus
haut, et viendraient à toucher aux droits de ma
souveraineté territoriale, il faudrait les considérer
comme nuls et non avenus. A cet effet, si le gouvernement égyptien venait à avoir quelques doutes
sur l'intégrité ou la lésion de ses droits, il devrait,
avant toute résolution définitive, en référer à ma
Sublime Porte.

» Mais lorsqu'il aura fait un arrangement spécial
pour les douanes, il en donnera avis à ma Sublime
Porte. Dans les conférences qui désormais s'ouvri-
ront entre mon gouvernement impérial et les différentes puissances pour la conclusion de traités de
commerce, le gouvernement vice-royal sera con-
sulté, et son opinion sera demandée pour sauve-
garder les intérêts commerciaux de l'Égypte. »

TABLE.

PARIS. TYP. HENRI PLON, IMPRIMEUR DE L'EMPEREUR, RUE GARANCIÈRE, 8.